SUITE

DES MOYENS

PROPOSÉS

A L'ASSEMBLÉE NATIONALE,

POUR RÉTABLIR,

LA PAIX ET L'ORDRE,

DANS LES COLONIES.

PAR, ARMAND-GUY-KERSAINT,

Député suppléant, administrateur au département de Paris, chef de division des armées navales.

A PARIS,

Chez les DIRECTEURS DE L'IMPRIMERIE DU CERCLE SOCIAL, rue du Théâtre François ;
Et chez les principaux Libraires de l'Europe.

1792.

DEUXIÈME PARTIE.

Vues nouvelles sur les Colonies, et les Colons.

APRÈS avoir présenté les moyens de rattacher Saint-Domingue à la France en renversant par des mesures vigoureuses les projets de ses ennemis. Il nous reste à résoudre une question , dont la solution renferme les destinées des Colonies , des Colons *et même* de la France sous plusieurs rapports.

Dans la supposition d'une insurrection générale des esclaves dans les Colonies , on se demande quel seroit le meilleur parti à prendre ? Nous espérons qu'en ce moment cette question est hypothétique. Mais en jugeant de l'avenir par le présent et le passé , on peut prévoir quelles n'échapperont pas à l'ascendant des idées révolutionnaires ; c'est donc servir tous ceux que ce grand événement pourroit atteindre , que d'en examiner la probabilité , et d'indiquer à l'avance les moyens d'en affoiblir les

A.

fâcheuses conséquences pour tous les intéressés.

L'on ne peut se dissimuler que le jour où la nation française a proclamé ces paroles sacrées : *les hommes naissent et demeurent libres et égaux en droit* , elle n'ait brisé les fers du genre humain; l'action de cette vérité qui doit niveler le monde, a dû premièrement frapper sur nous mêmes ; les craintes de nos Colons sont donc fondées en ce qu'ils ont tout à redouter de l'influence de notre révolution sur leurs esclaves. Les droits de l'homme renversent le systême sur lequel reposoit leur fortune ; qu'on ne s'étonne donc plus s'ils en sont devenus les plus ardents ennemis, ils ont raison d'y lire leur condamnation ; mais ils se trompent en un point, je veux dire dans l'espoir d'échapper à ce danger en changeant de maître ; c'est en changeant de principes qu'ils sauveront leur vie et leur fortune, et non par les moyens combinés de la persécution et de la terreur. Justice ! Justice ! Le règne de la force est fini, que les Colons se convertissent à la raison tandis qu'il en est encore tems ; mais, dit-on, cette conversion est inespérable. Il faut cependant avoir le courage de l'entreprendre, il faut braver les clameurs de la prévention, oser dire la vérité, la rendre sensible à tous et laisser au tems le soin du reste.

Je ne suis point de la société des amis des noirs ; mais comme ami de tous les hommes, l'objet des travaux de cette société, ne m'est point étranger ; l'amélioration du sort des Affricains transportés dans les Colonies Européennes m'a toujours paru le sujet le plus digne d'exciter le zèle de tout être né sensible aux souffrances de ses semblables ; et je n'écris point pour ceux-là dont l'orgueil inhumain refuse ce titre aux négres infortunés, ravalés par les châtimens et la servitude à la condition de nos plus malheureux animaux domestiques.

Mais que ce premier mouvement de pitié pour eux ne trouble point les Colons entre les mains desquels cet écrit tombera.

J'ai beaucoup vécu dans les Colonies ; j'ai possédé des esclaves noirs, une partie de ma fortune est encore dans ce pays, je n'en puis donc vouloir la destruction. Planteurs qui me lirez, dites vous : il a les mêmes intérêts que nous et ses opinions sont différentes, voyons, examinons ; il s'agit ici des plus chers intérêts de la vie, et la partialité, la prévention peut tout perdre sans retour ; on n'exige point que vous adoptiez ces opinions sans examen ; mais c'est au nom de vos femmes, de vos enfans, de votre bonheur, de la patrie qu'on vous conjure de ne pas fermer vos yeux au jour de l'évidence, et de vous rappeller que dans les révolutions des nations, les préjugés, ce ciment de toutes les institutions vicieuses, perdent leur force, et comme votre puissance sur vos esclaves étoit toute d'opinion, cette opinion renversée vous avez tout perdu, et ce n'est qu'en adoptant des opinions opposées que vous pourrez parvenir à tout conserver ; ne repoussez donc pas les idées nouvelles, mettez votre confiance dans quelques-uns d'entre vous, car le remède aux malheurs qui vous menacent ne peut être préparé et administré par la main de tous, il vous faut un législateur qui réunisse la confiance des blancs et celle des négres, et vos assemblées Coloniales n'obtiendront jamais cette double autorité sans laquelle aucun bien n'est espérable et pour eux et pour vous même.

Je ne prétends pas à l'honneur de vous

donner de nouvelles loix, mais je vous aurai rendu un important service, si je vous persuade que vous ne pouvez plus exister par vos loix anciennes, et c'est ce que je me propose.

Si l'insurrection des négres contre les blancs dans les Colonies est générale, rien ne peut en arrêter les effets dans un point sur-tout, et c'est le point capital, la ruine des Colons propriétaires.

Il ne s'agit pas ici de récriminer contre les fauteurs de cet événement, que les uns attribuent aux amis des noirs, les autres à leurs ennemis, mais de trouver s'il se peut un moyen d'en prévenir les suites pour tous les intéressés.

La révolte est un fruit de l'esclavage, comme le gage de la paix est dans la justice et la liberté.

Colons blancs, maîtres orgueilleux, et vous négres infortunés vous êtes tous des hommes, les mêmes malheurs vous menacent et quelque soit le vainqueur, s'il s'abandonne à la vengeance, il en sera la première victime.

Saint-Domingue va devenir la proie de tous les fléaux, la famine, la guerre et les maladies dévorantes y moissonneront ensemble et sans distinction de couleur tous les habitans. Les champs sans culture, les propriétaires sans revenus, les villes sans commerce, livreront incessamment les habitans à la merci du gouvernement dans les divers points des côtes où chacun d'eux sera venu chercher un réfuge contre la rage des esclaves, appellés à la liberté par la haine et l'espoir de la vengeance.

Bientôt les négres eux-mêmes, après avoir épuisé les ressources du brigandage, et distraits par la guerre des travaux de la terre, éprouveront la disette des subsistances, la mort les enlevera par milliers, et leur rage accrue par l'excès de leurs maux, ne connoissant plus de bornes, ils acheveront de détruire tout ce qui fut à leurs implacables maîtres; à ce moment se consommera la ruine de ce beau pays, et l'anéantissement absolu des richesses qui fondoient sa prospérité.

Esclaves, hommes de couleur libres, Colons blancs, propriétaires tous réunis dans un malheur commun, tous victimes de vos passions et de vos préjugés, vous ne vous raprocherez que sur des monceaux de cendres, et déplorans tous, mais trop tard,

votre aveuglement , vous préterez envain
l’oreille aux conseils de la sagesse lorsqu’elle
n’aura plus à vous offrir que des larmes et
des regrets impuissans.

Dans le tumulte des passions qui vous éga-
rent en cet instant, je tenterai vainement
sans doute de vous rappeller à vos véritables
intérêts, cependant je vais l’essayer.....

Aucun des sentimens qui vous dominent
ne me sont étrangers, long-tems j’ai vécu
parmi vous, le sort des différentes classes
d’hommes qui composent votre état social
fut souvent le sujet de mes réflexions, je
m’étonnois de votre sécurité lorsque vous ne
soupçonniez pas même qu’on pût rien blâmer
dans cet ordre de chose en contradiction
avec la nature, et avec lequel l’habitude vous
avoit familiarisé ; je vous comparois souvent
dans ma pensée à ces hommes qui cultivent
les côteaux du Vésuve, et que l’exemple de
leurs pères ensevelis sous les laves n’a pas
rendus plus circonspects , témoins de ce régime sévère et fréquemment cruel à l’aide
duquel vous croyez devoir retenir dans la
subordination vos nombreux esclaves : je
me suis dit, malheur à ceux qui seront ici
au jour des vengeances.

A 4

Ce jour est arrivé, les innocents même vont périr pour expier les crimes des coupables qui ne sont plus. Ecoutez, écoutez la voix de la raison et de l'humanité, l'intérêt de la patrie, des colons propriétaires et des hommes sans exception de couleur est ici le même; je vais donc parler pour tous, faites taire un moment la voix des préjugés, du ressentiment, et sur-tout de cette politique mal entendue qui trop long-tems a dirigé le gouvernement dans la police et l'administration intérieure des colonies; ne croyez pas qu'il n'y ait pour elle qu'une seule manière d'exister et que cette meilleure manière soit leur ancien régime. Ce régime vous a-t-il préservés des conjurations des esclaves, et si vous en avez toujours prévenu l'effet général, combien d'entre vous sont morts victimes de leurs vengeances particulières, par le fer ou le poison, combien de vous ce sont vus ruinés par le ressentiment et la haine de leurs nègres, et ces malheurs partiels ne vous disent-ils pas ce que vous devez craindre de l'avenir? je vous rappelle à regret ces vérités cruelles, mais il faut vous servir et non pas vous flatter.

Entrons en matière et commençons par établir ce que demandent les parties intéressées dans ce grand conflit.

La mère patrie veut des produits et des consommateurs, les colons des revenus et des propriétés, les hommes de couleur et les nègres, justice et liberté.

Voila les données du problême qu'il faut résoudre ; il est difficile, mais non pas insoluble (1).

Note de l'éditeur.

(1) Ici commence le plan de l'auteur pour parvenir à l'affranchissement des esclaves ; il le présente en grand, et ne lui donne pas ici tous les développemens dont il est susceptible : peut-être cela fera-t-il paroître les premières bases qu'il pose vicieuses ; peut-être même y faudra-t-il quelques changemens ; peut-être enfin pourra-t-on trouver d'autres moyens, ou en combiner de nouveaux avec les siens. Mais avant tout, une mesure préparatoire est indispensable dans les circonstances actuelles.

Les esclaves sont en insurrection dans la colonie de S. Domingue, et cette insurrection non-seulement a produit de grandes dévastations, mais encore elle en fait craindre de plus grandes, et la suspension totale des travaux d'agriculture. Il faut donc commencer par ramener les esclaves sur les habitations et à leurs travaux journaliers. Pour y parvenir, rien ne nous paroît plus propre qu'une proclamation au nom de l'assemblée nationale, qui déclarera qu'elle va

Nous allons d'abord suivre séparément chacun de ces intérêts, ensuite nous présen-

s'occuper de l'amélioration du sort des esclaves, immédiatement après qu'ils seront rentrés dans l'ordre sur les habitations, et qu'ils auront paisiblement repris leurs travaux. Cette proclamation doit être suivie d'une amnistie générale pour tous les esclaves insurgés qui rentreront dans un délai donné. Et pour leur prouver les intentions de l'assemblée à leur égard, on fera exécuter, à la rigueur, quelques articles de l'édit de 1784, tels que ceux-ci :

Défense de faire travailler les esclaves les fêtes et dimanche, ni avant et après le jour, sous quelque prétexte que ce puisse être.

Défense à toutes personnes, même les maîtres, de frapper leurs esclaves avec des bâtons, en sorte qu'il en puisse résulter fracture ou contusion; dans ce cas, les auteurs en seroient poursuivis criminellement.

Enjoindre aux maîtres d'esclaves d'accorder, par semaine, aux mères de plusieurs enfans, autant de jours de repos ou de travail à leur bénéfice qu'elles ont d'enfans.

L'exécution de ces dispositions comprises dans cet édit humain, quoique fait sous le règne du despotisme, va faire jetter les hauts cris à quelques colons barbares, qui, par une gradation de crimes, en sont venus au point de ne ne plus voir, dans ces malheureuses victimes de leur cupidité, que des bêtes de

terons nos idées sur les mesures qu'il con-
viendra d'adopter pour les accorder avec

somme, de la propriété desquelles ils peuvent dis-
poser selon leurs caprices.

Mais rappellons à ces colons leurs premiers titres
à la possession de leurs esclaves ; montrons-leur l'édit
de Louis XIII, qui leur concéda le droit de pouvoir
posséder des esclaves ; et à quelles conditions cet édit
fut donné, et voyons s'ils en ont rempli les conditions, et s'ils les suivent.

Les premiers colons, après avoir détruit la race
indigente de ces contrées, imaginèrent d'acheter des
hommes d'Afrique pour faire cultiver leurs terres.
Mais, comme il devenoit difficile de se faire autoriser
à un trafic aussi barbare, on prit, pour y réussir, le
masque de la religion. On dit que les seuls moyens
d'amener ces peuples à la foi chrétienne, c'étoit
de les faire passer dans nos colonies pour les y
instruire à la culture et les convertir. On promit d'en
avoir le plus grand soin, de les nourrir, de les vêtir,
de les traiter comme un père ses enfants ; enfin de
les rendre à la liberté, lorsque leur instruction seroit
achevée. A ces conditions, Louis XIII consentit à
permettre cet espèce d'esclavage. Voilà colons, l'origine de vos droits de propriété sur vos esclaves ;
voilà l'acte primordial. En avez-vous rempli les clauses
et les obligations contractées avec le gouvernement
et les malheureux qu'il vous autorisoit à avoir comme

l'esprit d'ordre à des principes d'éternelle justice dont un peuple libre ne doit jamais

esclaves? Non jamais, car quoiqu'on vous ait envoyé des missionnaires, vous n'avez point fait instruire ces malheureux néophites, parce que le tems donné à leurs instructions, auroit privé votre cupidité, et que l'instruction donnée et reçue étoit le terme de votre propriété.

Les avez-vous nourris sur le produit du travail qu'ils vous donnoient? Non, il leur a fallu pour cela un nouveau tems de travail pris sur les heures et les jours destinés à leurs repos? Leur avez-vous fourni des vêtemens pour les couvrir avec la décence qu'exige la pudeur? Non, s'ils s'en sont procuré, c'est en se faisant, par leur sobriété, un petit superflu des vivres qu'ils avoient cultivés pour se nourrir, et qu'ils troquoient ensuite pour quelques lambeaux de grosse toile.

Les avez-vous enfin traités comme des enfans qu'un père veut instruire? Non, cruels, vous les avez impitoyablement déchirés à coups de fouets, pour obtenir un travail, qui, quoiqu'au dessus des forces humaines, ne satisfaisoit pas encore votre cupidité. Vos traitemens envers eux ont été si atroces, depuis l'époque où Louis XIII vous permit d'en avoir jusques vers le milieu du règne de Louis XIV, que vos administrateurs, qui en étoient les témoins oculaires, furent obligés de solliciter de ce despote des loix qui

s'écarter dans ses déterminations nationales.

vous ôtoient l'arbitraire que vous exerciez sur vos
esclaves. Et quoique ces loix se ressentissent de l'esprit du despote qui les avoient dictées, vous les
avez continuellement enfraintes, parce que vous ne
les trouviez pas assez vexatoires pour votre cupidité,
toujours plus cruels à mesure que vous avanciez.
M. d'Enery, témoin d'une foule de cruautés, solli-
cita, avant de mourir, l'édit de 1784, dont j'ai parlé
plus haut; cet édit juste fut presque foulé aux pieds,
ne fut enregistré qu'avec beaucoup de peine, et ne
fut jamais exécuté. Voilà donc trois édits que vous
avez osé méconnoître, et vous vous êtes enhardis de
la foiblesse du gouvernement des colonies.

Vous osez aujourd'hui vous flatter de faire recon-
noître ce droit barbare par le sénat d'un peuple
libre. Quel est donc, colons, votre aveuglement ?
Quoi ! seroit-ce donc à la fin du dix-huitième siècle,
au moment que tout s'ébranle pour renverser toute
espèce de tyrannie, où tous les hommes se lèvent
pour recouvrer leurs droits, que vous prétendriez
river les fers de ceux que le sort a mis dans
votre dépendance pour satisfaire vos passions ?
Quelle erreur est la vôtre : sortez, colons, de cette
absurde prétention, il en est tems encore pour vos
intérêts, et hâtez-vous d'adopter les sages mesures
qui vous sont proposées, et qui, en protégeant vos
vies, conserveront vos propriétés. Considérez, avec

SECTION I.

De l'intérêt de la mère patrie dans l'état présent de nos colonies.

Je l'ai dit, la France veut des produits et des consommateurs, elle entretient à grands

quelle rapidité, la liberté va parcourir le monde entier. N'attendez donc pas que vos esclaves fassent tomber, avec violence, de vos mains votre sceptre de fer ; car ils pourroient ensuite le faire peser sur vous.

Ils ne sont pas assez instruits, me direz-vous, et nous saurons les contenir ? Ils ne sont pas instruits : Ah ! comparez ce qu'ils sont dans ce moment avec ce qu'ils étoient il y a dix ans, et jugez des progrès qu'ils vont faire : ajoutez à cette circonstance que votre orgueil, qui vous feroit impolitiquement refuser aux hommes de couleur les droits qu'ils réclamoient et qu'ils ont obtenu par la force, accélérera votre perte si vous ne la prévenez. Mais nous saurons, dira votre orgueil, faire rentrer ces hommes de couleur dans la subordination ? Sera-ce avec vos propres forces ? vous en connoissez l'insuffisence. La métropole, à qui vous pouviez appartenir, vous fournira-t-elle éternellemenr une armée et des vaisseaux pour les contenir ? En ce cas, les dépenses où cela l'entraîneroit, ruineroit d'hommes et d'argent

frais une armée de mer, des troupes coloniales, un gouvernement pour se conserver
en propre le produit de ces établissemens
lointains, et la consommation exclusive de
leurs habitans; le système prohibitif est dans
la nature même de ces sortes de colonies
que l'on ne doit considérer que comme des
manufactures nationales, dont la nation a
le droit de se réserver le travail à certaines
conditions, parce qu'elle leur fournit la
matière première, et cette manière simple
d'envisager les isles à sucre éclaircit d'abord
la question, et réfute tous les raisonnemens

la nation qui auroit la folie de la tenter; et, en
supposent même cette armée et ces vaisseaux,
vous ne seriez pas en sûreté. Car si vous aviez encore
la mal-adresse de vouloir avilir les hommes de couleur,
et le malheur de les ramener sous votre joug, vous
les porteriez au désespoir. Alors ils se jetteroient dans
la parti de vos 600 mille esclaves, et vous n'auriez
pas pour vingt-quatre heures d'existence. Réfléchissez,
colons, et profitez enfin du seul parti qui vous reste
à prendre pour conserver vos biens et vos vie, en
commençant par améliorer le sort de vos esclaves; et
à les mener, sans secousse, à une liberté semblable
à celle des fermiers qui cultivent avec leurs bras vos
terres à moitié.

employés par les partisans de leur indépendance politique et commerciale. On ne
fait pas assez d'attention que le sol ou la
nue propriété de ces pays n'est aliéné qu'à
la condition tacite de la dépendance.

Les terres des colonies, ces riches propriétés ont toutes été concédées par le gouvernement, suivant certaine clause qui les
ramène dans le domaine national faute
d'exécution, cette circonstance est de quelque poids en faveur de la souveraineté de
la métropole, si l'on y ajoute les droits que
la nation s'est acquise par la garde et la
défense de ces possessions, pour lesquelles
elle a soutenu les guerres les plus dispen-
dieuses, si l'on y ajoute cette immense hipo-
thèque des avances annuelles et successives
du commerce national aux cultivateurs colons, l'on s'étonnera peut-être de l'audacieux
sistème d'indépendance absolue de commerce
proffessé par quelques propriétaires américains, et soutenu en France par des hommes apôtres nés de toute idée nouvelle,
quelque dangereuse qu'en puissent être les
conséquences ; que les colons remontent au
titre primordial de leurs propriétés, il leur
rappellera ce qu'ils doivent à la mère patrie

ils y trouveron un lien que l'ingratitude et la force peuvent essayer de rompre, mais que la reconnoissance et la justice respecteront toujours.

Je sais tout ce que la philophie spéculative peut oposer à cette opinion ; mais quelque soit mon respect pour ces principes généraux qui renferment dans leur conséquence le perfectionnement de l'état social, principes qu'il est du devoir des sages de soutenir et de propager avec toute la force de la raison , cependant les colonies modernes dans les Isles de l'Amérique, diffèrent à tant d'égards des colonies anciennes, et même des modernes établies en Asie et sur le continent du nord de l'Amérique ; leur dépendance de la mère patrie est tellement liée à l'existance de leur sistème social actuel, que j'ose en faire une classe à part d'établissemens , je les compare à des mines exploitées dans le sein de l'empire même; mais qui par leur étendue seroient devenues des espèces de provinces souterraines qui ne produisant rien que du minerai, le changeroient avec les hommes de la surface de la terre pour des vivres et des vêtemens , je le demande , ces mineurs auroient-ils le droit de prétendre

B

s'affranchir de cette dépendance si naturelle établie sur les besoins réciproques, et s'ils vouloient se donner des loix à part, enlever le produit de leur travail à leurs concitoyens, dontils seroient les débiteurs, se réunir à quelqu'autres peuples, pourroit-on accueillir une telle prétention? il me semble que les avis ne se partageroient pas sur cette question, cependant celle de nos colonies à sucre est de tout point la même, et c'est dans cette similitude que je trouve le principe de leur subordination au gouvernement de la Métropole, cependant on veut les en affranchir, on les confond avec les provinces de l'Amérique du nord et les colonies des peuples anciens, et les colons ayant su mettre à profit cette double erreur, ont fait adopter à l'assemblée nationale constituante des dispositions véritablement subversibles de tous les intérêts du commerce de France, et très favorables aux vues de ceux qui veulent l'indépendance.

Je sais que Grotius prétend que les colonies sont *un nouveau peuple qui nait dans l'indépendance*, mais pour balancer cette autorité par une autre, je citerai Montesquieu qui vaut bien Grotius, Montesquieu approuvé la dépendance dans laquelle nous retenons les nôtres , *parce qu'il les considère comme établissement de commerce* , ces deux grands hommes ont également raison.

Les colonies analogues et qui se sont formées en quelque sorte du trop |plein de la population des nations dont elle sont sorties, peuvent arriver à l'indépendance par les mêmes lois qui conduisent dans la famille les enfans à l'émencipation de l'autorité paternelle.

Telles furent en général les colonies grecques, telles étoient et sont encore les colonies anglaise dans le nord de l'Amérique , et nous conviendrons volontiers que le tems étoit arrivé pour les Américains de prendre leur place parmi les nations suivant le droit que leur en donnoit la nature et leurs forces ; mais nos isles à sucre, loin d'avoir une force intrinsèque, une population à elles, ne se soutiennent qu'en se recrutent perpétuellement parmi nous, ne se défendent qu'à l'aide de nos armées , ce n'est donc qu'en multipliant chez elles les hommes libres qu'elles pourront s'élever un jour à la liberté politique ; mais j'observe qu'ici les intérêts se compliquent , car rien n'est aussi propre à perpétuer

la dépendance de nos colonies que d'y favoriser l'esclavage des négres ; et cette idée bien
sentie doit faire quelqu'impression sur l'esprit
des colons qui liront cet onvrage , et doit
seul suffire pour arrêter la précipitation de
leur jugement sur le plan de régénération et
d'organisation social que nous leur proposons.

J'aurois beaucoup de choses à dire encore sur
ce sujet ; mais je n'ai pas prétendu fixer
dans cet écrit tous les rapports de dépendance
des colonies envers leur Métropole, question
que je ne pense pas qu'on ait encore résolu
dans sa totalité , il m'importoit de rappeller
quelques uns des droits principaux de la
France sur ses colonies, et je pense que tout
bon François doit s'attacher à ces notions
simples qui dans ce moment prètent un apui
suffisant aux intérêts nationaux griévement
compromis , et jettent une grande lumière
sur la question importante que nous présen-
tons à l'opinion publique.

La France a donné la terre des colonies
à ses colons, elle y a porté d'Afrique les
bras qui la cultive, elle les a protégés et dé-
fendus par ses armes , elle a érigé des forte-
resses, creusé des ports, construit des arsenaux.

La nation a donc des droits indisputables

sur ses colonies; mais ces droits lui imposent des devoirs. Défendre, nourir, gouverner les colons suivant les principes de la justice, les conserver en paix dans leur état social, favoriser le développement de leur agriculture par le commerce, tels sont ses devoirs : mais dans leur principe et dans leur conséquence je ne vois nulle part qu'elle soit obligée dy maintenir l'esclavage des nègres, il s'y est établi par la force, et la force s'apprête à le détruire.

Que doit faire la France à ce moment ? menacée de voir tarir une des sources de sa richesse par la cessation de la reproduction des denrées dont l'échange alimente une branche importante de son commerce, est-ce donc en perpétuant un état social qui ne peut plus être qu'un état de guerre, de sédition, de rébellion et de crime ? ira-t-elle employer les bras de ses citoyens libres pour charger de nouvelles chaînes les malheureux Africains? on le tenteroit vainement.

On ne rattachera point sur les même yeux le bandeau de la servitude, il faudroit détruire les esclaves actuels pour leur en substituer de plus dociles.

Dans cette grande cause n'écouterons-nous que les conseils de l'orgueil, de l'avarice et des plus honteux préjugés, ou bien nous conduirons-nous par ceux de la raison et de l'humanité.

Repousserons-nous enfin les combinaisons de la prudence qui nous dit, vos efforts seront inefficasses, vos dépenses en homme et en argent infructueuses, excessives.

Et cependant ceux là qui viennent de secouer le joug ne le porteront plus. Mais quoi, c'est à nous, qui prenons pour devise, *vivre libre ou mourir*, qu'on oseroit proposer d'aller dire à ces hommes, mourez ou soyez esclaves; non il est d'autres moyens pour sauver ces grands intérêts, ces moyens même sont les seuls praticables.

On peut encore rattacher les nègres à la terre qu'ils ont ensanglantée, les ramener dans leurs cabanes, les rappeller au travail par l'espoir d'un meilleur sort à venir par l'appas de cette liberté même dont le sentiment subsiste toujours au cœur de l'homme quelque malheureux qu'il soit.

Si d'odieux préjugés, si le plus aveugle des sentimens, l'avarice, repousse de la tête et du cœur des colons blancs ces idées, la

mère patrie doit leur prêter toute sa force,
les soutenir de toute sa puissance; l'établissement des lois fondées sur le principe d'une
éternelle justice, voilà le seul parti qu'ait
à prendre l'assemblée nationale dans cette
circonstance critique, et quel est son bonheur, la conservation de tout les intérêts et
l'équité, qui doit parler plus haut qu'eux
le lui commande également; n'en doutons
point, les vérités dont nous voulons faire
la base de notre nouvel ordre social dans
nos colonies sont seules conservatrices des
droits conventionels de la propriété et de
ceux plus sacrés sans doute, de l'humanité.

Mais pour déterminer tous les esprits à
les adopter, achevons de démontrer que
toute autre mesure serait fatale à l'intérêt de
ceux dont la ruine est attachée à celle de ces
établissement.

Si l'insurrection de Saint-Domingue est
totale, Saint-Domingue a changé de maître,
et il ne nous reste plus que deux partis à
prendre, la conquête ou les traités avec les
vainqueurs. Lequel de ces deux partis est
le plus convenable aux intérêts de la France
et des colons? en examinant cette question
nous en éclaircirons plusieurs autres, mais

pourquoi me dira-t-on supposer un fait qui n'existe pas ? je réponds que si la révolte des esclaves n'est que partielle à l'extérieur qu'elle est entière au fond des cœurs, prévenez donc un danger qui vous menacera sans cesse ; en vous éclairant sur la situation où cet affreux événement vous mettroit, peut-être en écouterez vous avec plus de fruit des conseils, qui n'ont d'autre but que de vous sauver de ce grand désastre, dans lequel vous entraine l'orgueil et l'ignorance, de vos vrais intérêts. Discutons d'abord cette question dans son rapport avec la Métropole, ensuite nous l'examinerons relativement à l'intérêt plus immédiat des colons. Je propose qu'on se décide pour l'emploi de la force et le parti de la conquête, elle se tentera par le moyen des habitans des colonies en état de porter les armes ; des gens de couleur libres qui ne seront point du parti des nègres et des troupes de lignes envoyées d'Europe.

Vous aurez pour ennemis déclarés ou secrets, 500 mille nègres dirigés par 20 mille hommes de couleur, et sans doute de beaucoup de blancs qui verront de ce côté la puissance et la fortune, dans cet état de chose, doutez vous que les rebelles ne soyent assistés par vos rivaux d'Europe , par les Américains du nord qui appercevront avec raison dans l'indépendance de Saint - Domingue une source future de richesses pour eux, je sais que ces secours seront clandestins, que votre marine bien employée peut mettre de grands obstacles à ces communications, mais je sais aussi que rien ne peut les empêcher totalement, et que les nègres étant maîtres des campagnes et conséquemment des productions coloniales, l'avidité mercantille saura braver tous les risques pour se les aproprier, à ces considérations j'ajouterai qu'il est plus que probable que les metis qui forment la partie la plus nombreuse des habitaus de la partie espagnole serviront vos gens de couleur et leur seront d'un grand secours pour des vivres et des armes; que les montagnes étant les nourrices des plaines, les noirs en retireront long-tems des vivres dont vous serez totalement privés dans votre armée et dans vos villes.

Vous avez plusieurs provinces à Saint-Domingue, plusieurs grands quartiers où se trouve réunies les plus grandes et les plus riches propriétés, les Cayes, léogane, le Port-au-Prince, le Mirbalais, Saint-Marc, l'Artibonite, le Limbé, le port Paix, le fort

Dauphin, de grandes espaces séparent ces points très important de la ville du Cap, qui dans la supposition d'une guerre ouverte seroit l'arsenal des Européens, il est naturel de penser, qu'attachés à leurs propriétés et dans l'espoir de les défendre, les colons se seront d'abord rassemblés chacun dans le chef-lieu des différens quartiers que je viens de nommer, et le plus près qu'ils auront pu, de leurs habitations, cette circonstance les affoiblira en les divisant, et rendra les succès de la guerre encore plus douteux (1).

Si vous voulez repousser les nègres à la fois dans ces différens points, quels efforts ne vous faudra-t-il pas faire, et quel en sera le résultat? de vous rendre les maîtres des plaines sans oser aller plus loin, car les nègres auront de grands avantages dans les montagnes s'ils y sont repoussés de tous les côtés, ils s'y trouveront réunis, et conséquemment assez forts pour se diriger de concert contre les parties où vous serez les plus foibles, si l'un de vos points d'attaque est

(1) Cet ouvrage a été écrit dans le mois de novembre 1791, et lorsque l'on avoit encore aucune donnée positive sur la mesure de l'insurrection des nègres de Saint-Domingue.

enfoncé, les nègres arrivent à la mer s'emparent d'un de vos dépôts, ils en font un point de communication avec l'étranger, et leurs relations extérieures s'établissent ; s'il se bornent à vous harceler, que ferez vous sur ces terres de feu devenues des deserts, sur ces plaines dont les nègres détourneront aisément les ruisseaux et dont ils auront incendié les établissemens, enlevé les subsistances, votre conquête deviendra votre tombeau, la malignité du climat, l'intempérie, la disette ; vous consumeront, et après avoir épuisés vos trésors, perdu vos meilleures troupes, vous rentrerez dans vos villes où tous les fléaux acheveront d'anéantir les forces que vous aurez employées sans fruit dans une expédition dont la sagesse, la justice et la prudence désarmées devoient seule se mêler en en prévenant la nécessité.

Vos succès, vos revers dans le sistême de la guerre me paroissent également à craindre les rebelles seront ou détruits par la force ou libres dans les plaines, ou indépendans dans les montagnes, les colons seront donc ou dépossédés de leurs esclaves ou dépouillés de leurs propriétés territoriales, ou s'ils les recouvrent elles seront pour eux sans aucune valeur, car elles auront perdu leurs bras cultivateurs.

La France peut conserver St. Domingue cultivé par des mains libres, elle le perd sans ressources en voulant y perpétuer la servitude : dans le premier cas, elle aura des produits et des consommateurs ; dans le second, elle consumera pour ne rien avoir, beaucoup d'hommes et beaucoup d'argent. L'on repoussera sans doute ce conseil et l'on perdra tout pour vouloir tout conserver : Saint-Domingue peuplé d'hommes libres est un accroissement de puissance, et se suffit et se garde. St. Domingue avec 500 mille esclaves vous affoiblit et devient le sanglant théâtre de la révolte, de la trahison et du châtiment, mais quel parti prendre ? Celui de prévenir le malheur d'une insurrection générale, laquelle seroit un mal sans remè-de, et par quels moyens ? avant de les pré-senter, achevons d'éclaircir une question sur laquelle on a répandu tous les nuages de la mauvaise foi, c'est à l'opinion publique non à celle du jour, mais à celle, qui fondée sur la connoissance des faits, ne varie point, qu'il appartient de renverser tous les obsta-cles qui s'opposeront dans cette affaire au triomphe des bons principes.

La secousse qu'éprouve à ce moment Saint-Domingue, est à mes yeux un avertissement qui doit préparer les colons à recevoir les vérités que nous allons leur dire : nul ne peut fermer les yeux dans nos colonies, sur les dangers dont il est environné, menacé de la perte de sa fortune et de sa vie, l'orgueil, cette passion des heureux, doit céder à la fin dans le cœur de leurs habitans, au besoin d'exister avec sécurité : cherchons donc des moyens de paix et de sûreté pour eux, et ne craignons plus d'avoir à combattre leurs préjugés, rien ne les détruit comme le malheur.

Il ne s'agit point ici pour les colonies de choisir librement entre le retour à l'ancien ordre et un autre état de choses, ou la nécessité, l'impérieuse nécessité commande : l'homme doit céder sans murmure.

Pour bien juger de la position présente d'un colon dans les isles à sucre, il faut connoître exactement celle dans laquelle le place la nature de sa fortune, je n'entends parler ici que des planteurs, et particulièrement de ceux qui cultivent le sucre, le caffé et l'indigo.

Un colon est un fabricant cultivateur, ses opérations exigent des bras pour labourer la

terre ; des mains plus habiles pour manufac-
turer la matière première qu'il en retire,
ainsi l'attelier d'une habitation dans nos
isles est composé de deux classes d'hommes,
les artisans et les manouvriers, les uns et les
autres sont esclaves comme on sait, mais il
existe une différence essentielle dans leur
prix, laquelle résulte de la différence de leur
capacité.

Ces observations sont très importantes ;
pour avoir des idées justes il faut connoître
l'essence des choses, or ces différences sont
l'essence de l'état social des Colonies à sucre,
les ouvriers blancs sont employés concur-
ramment avec les ouvriers noirs à la fabrica-
tion des denrées Coloniales, et ces derniers
la partagent au moins avec eux lorsqu'ils n'en
sont pas chargés en totalité, d'où il suit que
les Colonies peuplées des seuls gens de
couleur et des négres, pourroient fournir
encore à l'Europe leurs précieuses productions, puisqu'on y trouveroit et les bras qui
cultivent et les mains qui manipulent, et lorsqu'on nous représente les négres comme incapa
bles de subvenir à leurs besoins sans le secours
des blancs, on dissimule le véritable état des
choses, on se trompe ou l'on veut tromper.

A cette première différence que le talent
établit entre les esclaves, il en faut ajouter
une qui tient à leur origine ; les négres
Créoles ou nés dans le pays et les négres
importés d'Afrique, enfin les négres Africains suivant leurs différents pays ; les négres
ouvriers sont presque tous Créoles, ils sont
aux autres ce que parmi nous l'artisan des
villes est au manouvrier des campagnes , il
n'est pas rare d'en trouver parmi eux qui
sachent lire (1), beaucoup ont vu la France ,
on conçoit que ces négres sont très suscep-
tibles d'entendre les principes sur lesquels
on pourroit entreprendre une négociation ,
on conçoit encore l'ascendant qu'ils doivent
avoir sur les négres d'Afrique qui ne
s'entendent point entr'eux, et qu'ils auront
vraisemblablement entraînés à la révolte,
enfin en saisissant l'esprit de ces différences
on peut établir un systême de législation
nouvelle qui ne pourroit manquer de réussir
qu'autant qu'on n'agiroit pas de bonne foi, or
je pense que l'on doit ne rien dissimuler aux

(1) Ceci doit être rectifié. Il est possible qu'aux
Isles-du-vent, on trouve des esclaves sachant lire ;
mais à S. Domingue , sur dix mille , à peine en trou-
veroit-on un seul.

négres à l'aide desquels on doit opérer ce grand changement, parce que la base du traité que les Colons doivent faire avec eux, doit être avantageuse à tous, et qu'il ne peut être durable et faisable que dans l'hipotèse d'un intérêt réciproque.

Je n'ai rien dit encore de la classe des hommes de couleur libres, parce que chacun la connoît et que l'on s'accorde généralement sur ce point, qu'étant la cause principale de l'insurrection, ils en doivent être le remède, leurs habitudes, leurs parentés (1) et leurs intérêts les portent à faire cause commune avec les négres Créoles et artisans des diverses habitations , et l'on trouvera dans cette classe des hommes en état de seconder nos desseins; d'en sentir les avantages et de les faire adopter; des

(1) L'auteur fait ici un erreur pour les hommes de couleur de Saint-Domingue , ceux là n'ont point de parens dans l'esclavage, parce que les premiers affranchis ont affranchis eux-mêmes tous ceux qui pouvoient leur être parent, en employant à cet acte d'humanité tout le pécule qu'ils pouvoient amasser par leur travail. Lisez à ce sujet les considérations sur St. Domingue , par Hiliard d'Auberteuil tome II, Discours III, des affranchis. page 71 et suiv.

hommes

hommes enfin, qui, sous le rapport de l'esprit et du courage, ne le céderont en rien aux blancs. C'est au milieu d'eux que les rebelles choisiront toujours leurs chefs. Mais il ne s'agit pas ici des chefs seulement, il faut intéresser la masse agissante et c'est la classe des négres ouvriers et Créoles qui la compose; c'est sur cette classe que les Colons auront aussi le plus d'empire; c'est au milieu d'elle qu'ils pourront trouver des cœurs disposés à les écouter, des enfans, des frères et même des amis; car les jeunes négres élevés avec les jeunes blancs, commencent par s'aimer, et ce sentiment que la nature leur inspire, ne s'éteint en eux, que lorsque l'avarice et l'orgueil les séparent, et que l'exemple maîtrisant leur penchant, vient les rendre insensibles et cruels.

Si l'on savoit mettre à profit tant d'intérêts, tant de sentimens, qui, fortifiés encore par les préjugés et l'habitude, attachent et subordonnent les noirs aux blancs dans nos Colonies, sans doute qu'il seroit aisé d'appaiser la sédition actuelle; mais il faut des sacrifices, il faut que l'orgueil fléchisse et que le sordide intérêt capitule; c'est donc maintenant à ces deux passions qu'ils faut que je m'adresse, aveugles et sourdes je ne me propose point de les toucher ; mais je dis à l'orgueil, tu vas être humilié, ton empire va finir et l'inexorable besoin va te réduire à ton tour en servitude ; à l'avarice, ta ruine est certaine, tes propriétés ne sont plus, tu vas tout perdre, mais si tu m'écoute, si tu me seconde je te promets encore la richesse, et moins précaire même que celle dont tu jouissois : en effet qu'elle est la véritable situation d'un Colon dans sa fortune ? Ses terres n'ont de valeur que par le nombre de ses esclaves et de ses bestiaux, un mobilier périssable détermine seul la valeur d'immeubles couteux à établir, très cher à entretenir. Dans une lutte continuelle avec les événemens, sa fortune au milieu d'une apparente richesse repose sur sa parcimonie, et s'il veut jouir et confier à autrui la direction de ses affaires, bientôt le désordre dans les esclaves, leurs maladies, leur mort, leurs attentats et mille autres accidens viennent empoisonner sa vie et le forcer de renoncer à ses plaisirs, à ses habitudes, et pour réparer ses pertes de recommencer des travaux qui dans ces climats destructeurs les conduisent rapidement à la mort ; j'en appelle à tous les Colons, et ils diront c'est là notre histoire ; oui telle est la vie d'un planteur , un combat continuel avec les accidens et la nature , toujours menacé de la ruine et de la révolte , environné de soupçons et de haines , souvent forcé contre son penchant de pousser la sévérité jusqu'à la barbarie, car on ne jouit d'un crime que par un autre, et la crainte du châtiment est l'unique frein de l'esclavage.

Qu'on n'oppose pas à ce tableau , cinquante propriétaires qui reçoivent à Paris le produit de leurs possessions Américaines sans avoir jamais vu l'Amérique ; la grandeur de leur fortune en supporte les inconvéniens , mais s'ils sont assez heureux , je veux dire assez inhumains, pour jouir en paix de leurs revenus, la source n'en est moins empoisonnée et sujette à tous les revers ; il est vrai qu'ils ont les moyens de les réparer , ils savent ce qu'il leur en coûte , mais ce qu'ils ne savent pas comme moi , car ils n'y songent point, c'est ce qu'il en coûte à l'humanité.

Enfin , la catastrophe actuelle les atteignant tous sans distinction , leur intérêt est ici le même , et plus que d'autres encore ils doivent embrasser un moyen qui les garantisse à l'avenir du danger de l'insurrection, car au moins ils sont étrangers aux préjugés des Colons Créoles, et ce qui doit les toucher le plus étant la conservation de leurs revenus, nous ne devons pas trouver d'obstacles de leur part dans l'établissement d'un nouvel ordre de chose qui les leur garantira pour l'avenir.

Que doivent avant tout désirer les Colons propriétaires? De ramener sur leurs terres des bras cultivateurs, il ne s'agit plus d'esclaves ou de libres, ni de disputer le droit de citoyen à la couleur de tel ou tel homme, il s'agit d'exister, de nourrir sa famille, de faire honneur à ses engagemens, d'éviter la misère, la honte et la mort.

Voilà les intérêts pressans et déterminans dans cette grande question. Ici doivent disparoître d'odieux préjugés; les Colonies ont failli périr plusieurs fois par les conspirations de la vengeance des nègres esclaves. La Jamaïque, Surinam en sont la preuve; dans ces deux Colonies une portion d'esclaves à secoué le joug et su forcer l'avarice de ses anciens maîtres à leur payer un tribut, tout le courage de l'homme rendu à son indépendance naturelle est supérieur à celui de l'homme asservi; la Martinique, la Guadeloupe ont eu leur Mancandas (1), on doit remarquer que la foiblesse des femmes a par-tout trompé l'espoir de ces hardis conspirateurs, l'orgueil des femmes veut des maîtres pour les asservir, nous voulons détruire l'esclavage pour tarir la source des crimes et des conspirations ; si le fameux François Mancandas n'eut pas été trahi, s'en étoit fait de Saint-Domingue en 1748. A cette époque ce malheur étoit irréparable ; dans ce moment , j'ose espérer qu'on peut, en changeant le systême social des Colonies , les conserver à la métropole, aux Colons et aux commerçans , tirer de ce grand désastre une grande leçon et garantir par une meilleure organisation sociale, notre postérité des maux dont nous avons à gémir ; mais c'est par le chemin de la justice et guidés par les principes de la liberté que nous arriverons à ce but.

(1) Voyez la lettre de M. Milcent, publiée dans le patriote français n°. 835. j'en atteste les faits principaux, en y ajoutant que l'histoire de Saint-Domingue est à cette égard celle de toutes les colonies à esclaves.

Section III.

Justice et liberté , voilà le cri des négres en rebellion ; on n'espère pas qu'il soit entendu de leurs maîtres au désespoir : mais il s'agit ici de ce que doit faire la France, du parti que doit prendre l'assemblée nationale. Ici tout autre intérêt que celui de la patrie et de l'humanité doit se taire, l'assemblée nationale est responsable au monde entier de la conduite qu'elle va tenir.

Voici l'instant pour les représentans du peuple , d'élever au niveau des principes de la constitution , le caractère national , les mesures doivent être grandes comme l'intérêt et le danger, elles doivent enveloper dans leurs conséquences, toutes les considérations particulières qu'on ne peut plus écouter sans risquer de tout perdre , les maladies politiques s'agravent par les palliatifs, il faut donc du courage, de la constance, et sur-tout le mépris des obstacles que d'aveugles préjugés tenteront d'opposer à tout moyen qui les blessera.

Je vais comme citoyen, comme homme libre, comme philosophe, comme instruit par une longue expérience des intérêts Coloniaux dire ce que je pense.

Le moment est arrivé de changer le systême social des Colonies, d'y réintégrer l'espèce humaine, et dans cette grande vue se trouvent le salut de tous les intéressés, le juste et l'utile, l'intérêt et la gloire.

Les hommes libres de couleur demandent justice; les droits de citoyen, dans toute leur étendue, leur seront accordés ; les Colons ne s'y refuseront plus ; il se ressouviendront, le malheur rend sensible, que ces hommes qu'ils repoussoient, sont leurs fils, leurs frères, leurs neveux, ils honoreront enfin, de quelque couleur qu'il soit, le sein qui les a nourris, et ce premier acte de justice les conduira vers un autre, les vertus se touchent comme les vices.

Entre les esclaves, vous appellerez à la liberté pure et simple, tous les artisans dont les noms seront fournis par leurs anciens maîtres, à la seule condition d'une contribution par tête dont vous appliquerez le produit en indemnité, pour ceux dont ils faisoient la richesse.

Les négres créoles seront ensuite appellés sans distinction à la jouissance d'une liberté

conditionelle, laquelle aura pour base l'obli-
gation de se réunir sur le terrein de leurs
anciens maîtres et d'y travailler pour leur
compte un tems déterminé, après lequel ils
jouiront de la liberté aux conditions des
négres artisans. Je pense qu'on pourroit
fixer ce terme à dix ans pour ceux qui ont
30 ans et plus, et à 15 pour ceux qut ont
moins de 30 ans, mais ne seroient appellés
à jouir de cet avantage que les négres pères
de famille, les autres seroient tenus à 20 ans
de travail.

Le droit de se racheter sera le droit commun à tout négre, à quelque classe qu'il ap-
partienne; les négres qui se seroient rachetés
passeroient dans la classe des affranchis;
enfin, il vous restera les négres d'Afrique,
classe nombreuse, dont les membres étrangers
entre eux parlent chacun un langage diffé-
rent, incapables en effet de se suffire par leur
ignorance et même par l'espèce de guerre
d'industrie que leur font les nègres créoles.

Ceux là seront honorés du nom d'enfans
mineur de la patrie sous la tutelle de la loi;
comme tels, elle les protègera jusqu'à ce
qu'elle les affranchisse; leurs anciens maîtres
en deviendront les dépositaires; ils pour-

ront obtenir la liberté comme les négres créoles, mais après l'examen d'une magistrature créée exprès, et sous la surveillance et l'inspection de laquelle sera remise la police des attelliers noirs ; aucun châtiment ne pouvant plus leur être infligé que sur une sentence et d'après un jugement.

Ce tribunal composé d'hommes libres de couleur et de blancs, élus pour deux ans, deviendra le vrais tribunal de paix des colonies, et le gage de la concorde entre toutes les clases d'hommes dont elles sont habitées, quelle que soit la couleur de leur peau.

La population sera puissamment excitée dans les négres cultivateurs, par une disposition qui devra servir à la fois d'aiguillon à la paresse dans ce climat ennemi du travail, et de frein aux mauvaises mœurs. Tout négre venu d'Afrique, marié depuis dix ans, ayant un jardin en bon ordre et six enfans jouira, premièrement de la franchise de trois jours de travail par semaine, ainsi que sa femme.

Après 20 années de mariage et avec quatre enfans existans, ils seront réputés affranchis ou *capite censi* ; leurs enfans jouiront des mêmes avantages à 25 ans, et leurs petits enfans seront libres sans condition.

Les terres concédées aux nègres pour leurs jardins, seront sous la garantie des magistrats, tuteurs des nègres.

Les propriétaires ne pourront les leur ôter ou les leur changer, sans qu'ils y consentent, et que le tribunal des censeurs n'en soit informé.

Les nègres auront un pécule ou propriété qui leur sera garantie par la loi, et suivra les règles établies pour les successions à leur mort.

Malgré la nouriture qui sera réglée par la loi, tous les nègres engagés à la terre de telle ou telle plantation, auront sans exception un jour à eux outre les dimanches et fêtes.

Les nègres créoles devenus *capite censi* comme les artisans, pourront tenir des terres à bail à certaines conditions, les contrats se passeront pardevant le tribunal déjà cité.

Le nom d'esclave sera aboli, il n'y aura plus dans les colonies que trois classes d'hommes, des engagés, des affranchis *ou capite censi*, et des hommes libres.

Les africains composeront la classe des engagés ; les artisans et les créoles après leurs tems de bons travaux expirés, celle des affranchis ; leurs descendans , celle des hommes libres.

Les engagés passeront dans la classe des affranchis par leur bonne conduite , leur industrie et la fécondité de leur mariage. Les services rendus à l'état , pourront élever un affranchi au rang de citoyen , par un jugement de l'assemblée coloniale.

Tout engagé qui entrera dans la classe des artisans , jouira des avantages de l'affranchissement , après dix ans de travail comme ouvrier.

Les droits des affranchis , seront de pouvoir contracter avec les propriétaires , de pouvoir travailler pour leur compte , en payant une capitation , leurs enfans nés légitimement seront libres sans condition , les bâtards resteront dans la classe des affranchis.

Le devoir imposé aux nègres créoles de cultiver les terres , et de faire valoir les habitations de leurs anciens maîtres, leur sera commandé au nom de la loi comme une dette envers la patrie : ils se souviendront du sort de leurs pères , et qu'en travaillant ils assurent la prospérité de leur pays , se préparent un sort heureux dans la classe des affranchis d'où leurs derniers regards pourront voir leurs enfans jouir en entier des droits de citoyen.

La grandeur des sacrifices que ces dispositions imposent aux colons, anciens propriétaires d'esclaves, ne peut être évaluée que dans les colonies mêmes, et la Métropole doit charger des commissaires de prendre les plus exactes informations sur ce point ; nous observerons seulement que l'indemnité résulte en partie de l'effet même de ces nouvelles loix, c'est par leur action que les colons se trouveront réintégrés dans leurs propriétés, cependant loin de nous opposer à ce qu'il soit pris des mesures pour secourir ceux que l'événement actuel a ruiné, nous leur avons préparé une ressource dans le produit de la classe intermédiaire que nous appellons *capite censi*, produit qu'il est facile d'augmenter, et auquel je proposerois d'ajouter annuellemént une somme tirée du trésor national : justice, équité pour tous, voilà notre loi,

Mais on me demande si je conserve ou détruit le commerce d'Afrique ? ma plume se refuse à tracer ces mots : vous *achéterez des hommes* ; mais ce commerce peut changer de caractère, et l'effet de la loi que je propose pour les colonies , en modifieroit la partie la plus odieuse, ce ne seroient plus des esclaves que vous exporteriez d'Afrique , mais des cultivateurs, des habitans que vous enléveriez à leurs tyrans, pour les élever un jour par le travail et l'instruction à la dignité d'hommes libres.

Ce trafic repose aujourd'hui sur d'horribles principes. Il faut lui donner une autre destination , et le diriger dans un autre esprit, et sur des loix de police particulière, rien de ce qui est juste , de ce qui est généreux, de ce qui est grand ne doit paroître impossible aux François libres; mais ce sujet demande une discussion approfondie, et j'en ferai la matière d'un écrit particulier ; le tems presse; et pendant que j'employe celui-ci à tracer ces mots, des crimes atroces, d'horribles veangences répandent la désolation sur cette terre que nous voudrions rendre à ses possesseurs , sous la garantie d'une loi juste , qui ne contint pas comme l'ancienne, le principe de sa destruction , cette explosion qui vient enfin de tout renverser , nous menaçoit depuis long-tems , si les matériaux de l'édifice ne sont pas totalement détruits, travaillons à le réédifier , mais sur un meilleur plan, et si nous voulons assurer sa durée, fondonsle sur la raison et sur la vérité.

Représentans de la France, voilà votre mission, elle est divine et vous saurez l'accomplir ; bientôt sur toute la terre, vous entendrez s'élever la voix reconnoissante du genre humain, rappellé par la nation Française à sa noble origine, et les despotes humiliés comme ces hommes orgueilleux qui repoussoient naguères vos décrets bienfaisans, signeront le concordat que vous voudrez leur dicter, heureux de trouver un refuge à l'abri des droits de l'homme et de la liberté qu'ils n'auront pu renverser.

Ces biens précieux n'ont rien à craindre de leurs efforts, mais tout à redouter de nos vices, la religion de la loi, ce culte des peuples libres ne peut se fonder et s'affermir que par la vertu, et la vertu par les exemples. Le plus grand de tous ceux que pourroient nous donner les représentans de la Nation, seroit d'adopter ce projet, et d'en presser l'exécution au mépris de tous les obstacles.

Nota. Cet ouvrage étoit écrit, lorsque le concordat entre les blancs et les gens de couleur, passé à la Croix des bouquets à Saint-Domingue, nous est parvenu.

Cet acte dicté par la sagesse, accepté sous la garantie de l'être suprême, ce monument d'éternelle justice, et qui doit attester à tous les peuples la vérité et la puissance des principes qui servent de base à notre constitution, je le joins à cette opinion, il en sera le plus ferme appui, il répondra seul aux interprétations, aux objections de la mauvaise foi.

Mais cet acte ne stipule rien en faveur des esclaves, et la paix qui doit en être la conséquence, ne sauroit acquérir de stabilité qu'en y joignant les dispositions générales que nous proposons.

En embrassant toutes les classes qui composent l'ordre social des colonies, en stipulant pour chacun, avec une égale impartialité, notre nouveau code deviendroit le garant d'une tranquillité et d'une prospérité qui n'auroit plus à craindre le retour des malheurs dont nous sommes les témoins.

J'ose offrir cet écrit à l'assemblée nationale, j'en ai communiqué les vues principales à son comité des colonies, je l'invite à s'en occuper sérieusement, à saisir une si belle occasion d'acquérir des droits à l'éternelle reconnoissance de ces hommes, dont la main laborïeuse cultive pour nous, ces riches contrées dont les productions font une partie de la fortune publique.

Le tems est venu d'établir par-tout le règne de la justice : les maux dont gémissent à ce moment les habitans de Saint-Domingue, vous offrent une preuve de plus des inconvéniens et de l'impuissance du règne de la force, et vous prouvent encore que les loix générales de la nature et de l'équité n'ont point d'exception.

Fin de la seconde partie.